ABREGÉ
DE LA VIE
DE SAINTE
SOLANGE,

VIERGE ET MARTYRE

PATRONE DU BERRY.

A BOURGES,

De l'Imprimerie de la V.e de Jacques Boyer, Imprimeur du Roy. 1759.

APPROBATION.

JE soussigné, Prêtre, Docteur-Professeur en Théologie, en l'Université de Bourges & Curé de Saint Pierre le Guillard, certifie que j'ai lu un petit Livre intitulé, *Abrégé de la vie de sainte Solange, &c.* & une Prière qui est à la fin : Je n'y ai rien trouvé que de conforme à la foi & aux bonnes mœurs : J'ai rémarqué dans la précision & l'elégance du stile tout ce qui peut inspirer & soûtenir le désir de lire un livre, & l'on trouvera dans les reflexions, dont ce petit Ouvrage est parsemé un aliment pur & exquis pour une piété tendre & solide. *A Bourges ce 4 mai 1759.*
LOISEAU.

Permis d'imprimer. *A Bourges le 5 Mai 1759.* Signé GAY DE LA SALLE, *Lieutenant-Général de Police, en tour, de la Ville de Bourges.*

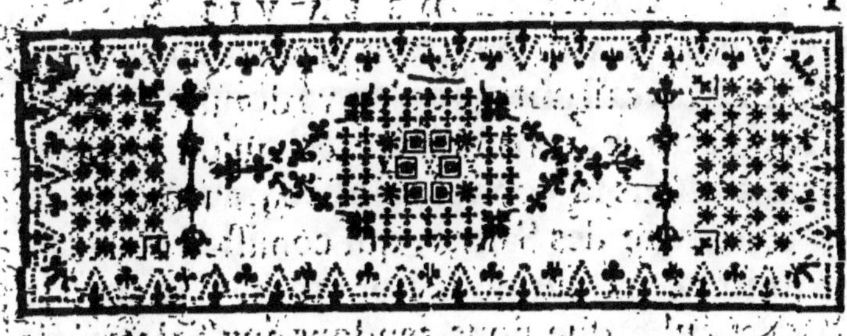

ABREGE' DE LA VIE

DE S.te SOLANGE,

VIERGE ET MARTYRE,

PATRONE DU BERRY.

E nom de sainte Solange est si respectable & si cher à tous les Fidèles de cette Province, que ce petit ouvrage, destiné à leur remettre devant les yeux les vertus, les combats & le glorieux triomphe de cette illustre Vierge, ne peut manquer de leur être agréable. L'empressement avec lequel on accourt chaque année de tous les endroits du Berry, & même des Païs voisins, pour visiter la terre qu'elle sanctifia autrefois, par sa vie toute angélique, qu'elle édifia par ses exemples, qu'elle arrosa de son sang ; la tendre dévotion avec laquelle on revère les précieux restes de cette glorieuse Martyre de Jésus-Christ ; la confiance avec laquelle on l'invoque, soit dans les calamitez publiques, soit dans

A

les befoins particuliers; tout promet un heureux
fuccès au détail abrégé qu'on va donner de la vie
d'une Patrone, qu'on revére & qu'on invoque
peutêtre fans la connoître affez, au moins de
cette fcience des Saints, qui confifte à nous faire imiter ceux que nous honorons. Car tout le
but du culte que nous rendons aux Saints doit
être de nous animer à marcher fur leurs traces,
& toute dévotion, qui ne tend pas à cette fin,
eft une devotion fauffe qui ne convient qu'à des
Hipocrites, & qui ne fera jamais d'aucun méri-
te devant Dieu: Et voila ce qui nous engage à
donner au Public la vie de Ste Solange. Les Fidéles l'ayant entre les mains, apprendront par
quelle voye Solange eft parvenue à cette
haute fainteté qui lui a mérité la couronne du
Martyre. La peinture fidèle de ce qu'elle a fait
pour Dieu, fera faire à plufieurs des retours fur
eux-mêmes qui ne feront peutêtre pas fans fruit:
En comparant leur vie avec celle de cette ferven-
te époufe de Jéfus-Chrift, ils rougiront de fe
voir fi peu conformes à un fi beau modèle: pi-
quez d'une fainte émulation, ils travailleront à
reformer en eux ce qui pourroit déplaire aux
yeux du grand Maître qui demande leur cœur
comme celui de Solange, & qu'ils ont autant
d'intérêt de fervir à préfent, qu'en eut autrefois
leur Patrone. On ne trouvera dans cette hiftoire
que des faits déjà connus & répandus dans les
differentes vies qu'on a données de la Sainte.
Mais on y ajoûtera des refléxions qui, placées à
propos, pourront faire quelque fruit. On auroit
bien fouhaité que tout ce qu'on va rapporter eût

tous les caractères d'authenticité qui devroient naturellement se trouver dans ces sortes d'ouvrages, mais l'ignorance ou la négligence de ceux qui auroient pu transmettre à la postérité la suite des belles actions de Solange, nous met dans la nécessité de nous en rapporter à des auteurs assez éloignés du siècle où elle vécut, & à la pieuse tradition des Fidéles qui, pour être toûjours exposée aux traits de la critique, n'en est pas ordinairement moins fondée. On ne peut disconvenir qu'il n'y ait bien du merveilleux dans ce qu'on raconte de notre Sainte, mais il faut avouër en même tems que Dieu a dû faire de grandes choses en faveur de Solange pour la rendre aussi célèbre pendant sa vie & après sa mort. Au reste nous ne prétendons point garantir tous les faits que nous rapporterons, mais aussi nous aurions des reproches à nous faire de dérober à la piété du peuple certains traits qui l'édifient & qui contribuent à augmenter son respect & sa confiance envers la Sainte. Dieu a pu faire pour cette chaste Vierge, tout ce qu'on dit qu'il a fait, il paroît qu'on a dit autrefois ce qu'on dit aujourd'hui, nous ne trouvons nulle part des raisons bien fondées de révoquer en doute la vérité de cette Tradition; laissons donc les Fidèles dans une persuasion qui ne fait aucun tort à la Religion, & qu'on nous permette de ne pas frustrer l'attente où ils sont de trouver dans cette vie les traits par lesquels seuls pour-ainsi-dire il connoissent leur Patrone.

Plaise à la divine bonté de répandre sa bénédiction sur cet essai qu'on n'entreprend que pour

faite éclater les merveilles qu'il a opérées en faveur d'une Sainte , que les Fidèles du Berri doivent regarder comme leur Sœur, titre confolant
qui fera toûjours le plus puiffant motif de leur
confiance , mais auquel ils doivent faire honneur en imitant les vertus d'une Sœur qui ne les
reconnoîtra jamais pour fes frères qu'à cette
condition.

SOLANGE naquit au neuvième fiècle
dans un petit Bourg nommé Villemont à trois
lieues de Bourges. Ses Parens étoient d'une condition baffe aux yeux des hommes, leur fortune
étoit des plus médiocres; mais ils étoient vertueux, & vivoient contens dans l'état où la Providence les avoit placés. A l'exemple du faint
homme Tobie, ils cheriffoient leur pauvreté, &
ils s'eftimoient affez riches de poffeder la crainte de Dieu , d'avoir en horreur le péché, d'aimer la vertu & de faire le bien. Obligez de ga-
gner à la fueur de leur front le pain dont ils fe
nourriffoient, ils n'étoient pas tellement occu-
pez de leur travail, qu'ils ne ménageaffent chaque jour quelque tems pour vaquer à la prière ,
& pour penfer à la grande affaire de leur falut.
Leur probité reconnue leur avoit acquis l'efti-
me de tout le Canton , & la pieté dont ils fai-
foient profeffion répandoit dans toutes les autres familles la bonne odeur de Jéfus-Chrift.

Tel eft le portrait qu'on nous fait du Père &
de la Mère de la fainte dont on donne ici la vie.
Heureux les Habitans des Campagnes qui fe
forment fur ce beau modèle , & qui comme les
Parens de Solange fatisfaits de leur condition,

en travaillant pour la vie préſente, ne négligent pas la vie future, qui, comptant pour rien les biens temporels, s'appliquent à mériter les éternels, & qui profitent pour leur ſanctification, de la facilité au bien qu'ils trouvent dans une vie exempte des troubles & des inquiétudes qu'on éprouve toûjours au milieu du tumulte des Villes !

L'innocence & la ſimplicité des vertueux Epoux, qui ont donné lieu à la refléxion qu'on vient de faire, ne pouvoient manquer d'attirer les regards du Père céleſte, qui ſe ; laît à ſe communiquer aux pauvres & aux petits ; auſſi verſa-t-il abondamment ſes bénédictions ſur leur mariage. Sans les tirer de l'état d'obſcurité où il les avoit fait naître, où il les vouloit, & où ils ſe ſanctifioient, il leur donna un thréſor dont ils connurent bientôt le prix, & qu'ils eſtimerent infiniment plus que toutes les richeſſes périſſables du monde. Ce précieux Thréſor fut une fille d'une beauté incomparable, foible avantage s'il eut été ſeul, mais qui joint aux excellentes qualitez de l'ame dont Dieu la favoriſa, en firent bientôt l'objet de l'admiration & de l'eſtime de tous ceux qui la connurent. Combien de jeunes perſonnes dans les villes & dans les campagnes, nées peutêtre avec autant d'attraits que la Sainte dont nous parlons, ne s'attirent point comme elle l'eſtime du Public, parce que ſous ces beaux déhors qui éblouiſſent d'abord, on découvre bientôt mille imperfections & ſouvent même pluſieurs défauts groſſiers !

Solange, ce fut le nom qu'on donna à notre

A iij

Sainte, Solange étoit à peine sortie du berceau qu'elle fit connoître ce qu'elle seroit dans la suite. La pieté sincère de ses Parens ne leur permit pas de laisser sans culture une jeune plante qui donnoit de si heureuses espérances. Ils donnerent à cette chère fille l'éducation la plus chrétienne, & elle répondit à leurs soins avec une fidélité qui les combla de joye. Dès-qu'on lui eut appris à connoître Dieu, elle l'aima, & cet amour prit chaque jour de nouveaux accroissemens. Elle conçut dès-lors tant d'horreur du péché, qu'elle en craignoit même l'apparence, & qu'elle évitoit avec une circonspection, dont on est rarement capable à cet âge, les fautes les plus legeres & les moindres imperfections. Toute jeune qu'elle étoit, on n'appercevoit rien de puérile dans sa conduite, & souvent on la voyoit se dérober à la compagnie des autres enfans, pour se rappeller les instructions que ses Parens lui avoient faites, & pour vaquer aux exercices de pieté qu'ils lui avoient appris. Ses petites compagnes la surprirent plusieurs fois dans ses édifiantes pratiques, & le recit qu'elles en faisoient à leurs Parens ne servoit qu'à les confirmer dans l'opinion qu'ils avoient conçue de la sainteté future de Solange. Ainsi le Père & la Mère de notre jeune Sainte recueilloient déjà les fruits de l'éducation chrétienne qu'ils donnoient avec tant de zèle à une fille qui leur étoit si chére. Que de Parens ne doivent s'en prendre qu'à eux-mêmes, de la mauvaise conduite de leurs enfans: leur négligence à les instruire de leur religion, à les élever dans la crainte de Dieu, à leur faire

craindre le péché , est ordinairement la source
de la dépravation de leurs mœurs , & combien
de fois même ne leur font-ils pas par leurs mau-
vais exemples des leçons du vice trop parlantes
& trop faciles à mettre en pratique ! Que les Parens deviennent des Saints , les enfans le seront
infailliblement. Ce fut par des exemples dome-
stiques , encore plus que par des instructions ,
que Solange se sentit animée à vivre dans l'innocence.

A mesure qu'elle avançoit en âge, elle croissoit
en grace & en vertu , elle fut bientôt en état de
se passer des leçons de ses Parens; l'Esprit Saint
ne tarda pas à lui faire part de ses plus intimes
communications , & sous la conduite d'un tel
guide , elle courut avec une ferveur admirable
dans les voyes de la perfection. Elle n'avoit encore que sept ans , & déjà favorisée du don d'o-
raison , elle ne trouvoit de goût que dans la méditation des choses célestes , elle parloit de notre
Seigneur Jésus-Christ avec une telle effusion de
cœur , qu'on voyoit bien qu'il étoit seul l'objet
de ses pensées & de ses affections. Ce fut dans un
âge si tendre que Solange inspirée par l'esprit de
Dieu , se proposa de n'avoir jamais d'autre
Epoux que Jésus-Christ , & qu'elle fit vœu de
garder inviolablement sa virginité.

Que c'étoit un beau spectacle pour les Anges
de voir la petite Solangé connoître déjà assez
Jésus-Ch. pour l'aimer pardessus tout , & pour
faire de si bonne heure & avec tant de générosité
un vœu héroique dont , malgré sa jeunesse , elle prévoyoit dès-lors toutes les conséquences!

A iv

Depuis que Solange eut consacré à Dieu sa virginité, elle ne s'occupa plus que du défir de plaire à son célefte Epoux. Les jeux, les divertiffemens les plus honnêtes lui devinrent infipides, toutes fes délices étoient la prière & les exercices de piété, on la vit redoubler fa vigilance & fes oraifons. Se défiant de fon propre cœur, elle eut recours au Père des miféricordes, elle s'adreffoit à lui & le jour & la nuit; elle le conjuroit avec larmes de ne pas permettre qu'elle devint infidèle aux faints engagemens qu'elle venoit de prendre avec lui; elle intéreffa en fa faveur la Reine des Vierges pour laquelle elle conferva toûjours la plus tendre devotion. Pour s'encourager à la perféverance, elle fe rappelloit fans ceffe les exemples de tant de jeunes Vierges qui avoient mieux aimé livrer leur corps aux plus affreux tourmens, que de donner aux créatures un cœur que Jéfus-Ch. poffédoit à fi jufte titre. C'étoit furtout Ste Agnès qu'elle fe propofoit pour modèle, elle lifoit la vie de cette illuftre Martyre avec une fecrette joye qui étoit comme le préfage de la reffemblance qu'elle devoit avoir un jour avec elle. C'eft par de femblables moyens qu'on conferve fon innocence. La chafteté eft un thréfor qu'on ne garde pas fans foins & fans peines. Il faut veiller, prier, vivre dans une continuelle défiance de foi-même, fuir des amufemens frivoles qui, tout innocens qu'ils paroiffent, diffipent peu à peu une ame & font bientôt évanouir les plus belles réfolutions. On trouve toûjours dans les exemples des Saints un puiffant motif pour s'encou-

rager à la persévérance, aussi doit-on se les rappeller souvent, & rien ne contribueroit plus à
faire fleurir la pieté dans les Familles chrétiennes que la pratique édifiante de lire les vies de
ces amis de Dieu que l'Eglise propose à notre
imitation autant qu'à notre vénération. Loin des
mains de la jeunesse chrétienne, ces romans, ces
contes, ces historiettes, ce sont autant de livres
empoisonnez qui gâtent le cœur ; jamais on ne
vit de tels ouvrages entre les mains de Solange,
elle connoissoit trop bien le danger de ces lectu-
res pour y exposer un cœur qui ne vouloit jamais être qu'à Dieu.

L'amour ardent dont elle brûloit pour son divin Epoux, se trouvoit gêné parmi les créatures, & quelque liberté qu'elle eut de satisfaire
sa pieté dans la maison paternelle, elle en sortoit
assez souvent pour aller à l'écart comme l'Epouse des cantiques, s'entretenir avec son bien-ai-
mé. Le lieu solitaire qui fut tant de fois témoin
des doux transports de cette fidèle amante du
Sauveur, a toûjours été appellé depuis le champ
de sainte Solange, on a soin d'y entretenir une
Croix pour conserver le souvenir du martyre
qu'elle y a souffert, & des exercices de dévotion qu'elle y a si souvent pratiquez.

Quand elle fut un peu plus avancée en âge,
ses Parens lui confierent le soin de leurs Brebis,
& la chargerent de les conduire aux champs.
C'étoit mettre le troupeau en bonnes mains, &
ils connurent bientôt que la sainteté de leur fille
attiroit sur leur bétail la bénédiction du Ciel.
Cete occupation si méprisable en appa-

rence , & ſi méprisée de gens du monde ,
quoiqu'elle ait été celle des plus grands
Saints de l'ancien Teſtament , d'un Abel ,
d'un Abraham , d'un Jacob, d'un Moyſe
& de tant d'autres amis de Dieu , étoit tout-à-
fait du goût de la jeune Solange : Elle trouvoit
dans cet innocent emploi le moyen de s'unir
plus intimement à Dieu , par l'éloignement des
Créatures , où il la mettoit heureuſement. Sans
manquer à ſon devoir , & ſans que ſes Brebis en
ſouffriſſent , elle pouvoit ménager bien des momens & elle les ménageoit en effet pour ſe livrer
aux douceurs de la contemplation, & pour écou-
ter l'eſprit de Dieu qui ne ſe communique jamais plus volontiers à une ame fidèle que dans
la ſolitude & dans le ſecret des Déſerts; auſſi notre jeune Ste ne laiſſoit échapper aucun de ces
momens précieux , & tandis que ſous ſa conduite , un innocent troupeau paiſſoit en aſſuran-
ce , & ſe raſſaſſioit d'une nourriture matérielle
convenable à ſa nature , Solange dirigée par un
Maître inviſible, nourriſſoit ſon ame de la méditation des choſes ſaintes, où elle trouvoit toûjours un goût délicieux. Que de graces ! Que de
bénédictions ! Le Seigneur ne ſe plaiſoit-il pas à
répandre ſur une ame ſi pure , & dont il étoit ſi
tendrement aimé ! Quelles conſolantes refléxions pourront faire ici tant de jeunes perſonnes de la campagne deſtinées par leur condition
à garder les troupeaux ! Solange fut une pauvre
Bergère comme elles , & dans un état ſi vil aux
yeux des hommes , elle devint l'objet des com-
plaiſances de ſon Dieu. Le monde ne la connoiſ

soit pas & c'est ce qui faisoit sa joye; mais elle étoit l'admiration des Anges & des Saints. Il n'est donc pas nécessaire d'être grand, riche, puissant, pour mériter l'amitié du Seigneur ? Non sans doute, mais il faut comme Solange vivre dans l'innocence; sçavoir comme elle s'occuper de Dieu dans les différens emplois auxquels on est appliqué, & mettre à profit tant de moments qu'on donne pour l'ordinaire à la bagatelle, & au plaisir. La solitude des campagnes fournit un moyen bien facile de s'entretenir avec Dieu, ceux qui sont chargez de la garde des troupeaux n'ont qu'à imiter Solange & bientôt ils trouveront plus de douceurs dans la méditation des choses célestes que dans les plus agréables assemblées. Jamais Solange n'étoit plus contente que lorsqu'elle se trouvoit avec ses tendres brebis dans le champ désert dont nous avons parlé : C'étoit dans ce lieu solitaire que cette chaste amante de Jésus-Christ aimoit à se rappeller le mistère de la passion. A la seule pensée de ce qu'un Dieu avoit voulu souffrir pour les hommes, son cœur ne pouvoit retenir ses soupirs, ses yeux devenoient deux sources de larmes, & le sang de l'Agneau sans tache qu'elle s'imaginoit alors voir couler, l'animoit tant, qu'elle auroit voulu par retour répandre pour lui tout le sien. La mort cruelle de son bon Maître lui inspiroit un amour extrême de la mortification & des Croix. Elle envioit le sort de ces heureux Chrétiens qui dans les prémiers siècles de l'Eglise avoient donné leur vie au milieu des supplices les plus affreux ; & si dans la paix dont son

ame jouïssoit, elle ressentoit quelque peine, c'é-
toit de ne pouvoir ressembler à son divin Epoux
en expirant comme lui par une mort violente.
Pour se dédommager en quelque sorte, elle affli-
geoit son corps foible & délicat par toutes les
pratiques de pénitence que sa ferveur lui suggé-
roit. Elle jeûnoit fréquemment & avec une ri-
gueur qui auroit effrayé les plus robustes, elle
passoit une partie des nuits en prières, & le peu
de repos qu'elle s'accordoit étoit interrompu à
chaque instant par les tendres soupirs que son
cœur innocent poussoit sans cesse vers le céleste Epoux qui l'occupoit tout entier. Elle trouva
mille secrets de se mortifier & de s'immoler ainsi par des austéritez, nouveau genre de martyre
que sa continuité rend quelque-fois plus diffici-
le à souffrir que la mort même. On auroit dit
que Solange n'avoit point de corps, tant elle
étoit insensible à ses besoins. Bien différente de
ces jeunes personnes soit de la Ville, soit de la
campagne, qui ne pensent qu'à contenter leur
sensualité & à procurer à leur corps ses aises &
ses commoditez, sans se souvenir que la vie d'un
Chrétien doit être une pénitence continuelle, &
qu'il est honteux d'être un membre délicat sous
un Chef couronné d'épines.

Ce martyre volontaire par lequel l'amour im-
moloit chaque jour Solange ; ne suffisoit point
à l'ardeur de ses désirs. Elle n'avoit pas une goûte
de sang dans les veines qu'elle ne souhaitât ar-
demment verser pour Jésus-Christ ! Combien
de fois, dans les transports qui l'animoient fit-
elle à cet aimable Sauveur le sacrifice le plus gé-

néreux de ses jours! Avec quelle ferveur lui pro-
testa-t-elle mille fois que jamais elle n'aimeroit
que lui, que la vie lui étoit à charge parce qu'elle ne pouvoit la donner pour lui, que son unique
désir étoit de souffrir les tourmens les plus cruels
& la mort même, pour lui témoigner son a-
mour & sa réconnoissance! Tels étoient les
vœux de Solange, & comme ils partoient d'un
cœur sincère, ils ne furent pas sans effet. Dieu
les exauça bientôt, accomplissant à l'égard de
cette Epouse fidèle, la promesse qu'il fait par
son Prophête de se conformer à la volonté de
ceux qui le craignent, de seconder leurs désirs,
& de les sauver par les voyes qu'eux-mêmes au-
ront choisies.

Tandis que Solange s'offroit si généreuse-
meut à Jésus-Christ, & se disposoit par ces ac-
tes héroïques au glorieux martyre qui lui étoit
réservé, Jésus-Christ la combloit sans cesse de
nouvelles faveurs & rendoit son nom célèbre
dans tout le pays L'opinion de sa sainteté se répandoit de toutes parts, & on la regardoit comme une autre Geneviève destinée à être la protectrice de sa Nation, elle reçut un pouvoir si
absolu sur les esprits de ténèbres qu'à sa seule
présence on les voyoit sortir des corps des possé-
dez. Dieu sembloit lui avoir soumis toute la nature: Elle n'avoit qu'à parler pour dissiper les plus
furieux orages, elle commandoit aux vents &
aux tempêtes & les faisoit disparoître; elle arrêtoit les inondations, le soleil & la pluye étoient
également à sa disposition, la paix & l'abondance règnoient dans tous les lieux d'alentour, &

chacun ne manquoit pas d'attribuer son bonheur aux mérites de notre Sainte.

Les malades & les infirmes éprouvoient son
crédit auprès de Dieu : point de maux si invéte-
rez qui ne cedassent à ses ordres ; souvent même
on vit se rénouveller dans sa personne ce prodige qu'on admira autre fois dans S. Pierre, ensorte que son ombre seule passant sur les corps de
ceux qui étoient affligez de quelque maladie, ils
se trouvoient aussitôt guéris. C'étoit ainsi que
Dieu se plaisoit à faire éclater sa puissance dans
une pauvre Bergere, en lui communiquant le
don des miracles avec autant d'abondance qu'il
le communiquoit aux plus grands Saints dans
les premiers siècles de l'Eglise. C'étoit en vertu
de ce don que Solange par un seul acte de sa volonté arrêtoit & faisoit disparoître les animaux
qui gâtoient & détruisoient les fruits de la terre;
qu'elle écartoit les grêles, les gelées & les autres
accidens qui auroient pû nuire aux habitans du
pays ; qu'elle faisoit revenir au bercail celles de
ses Brebis qui s'en écartoient pour aller dans des
terres où elle n'avoit pas droit de les conduire.
Une elévation de son cœur vers le céleste époux
prévenoit tous les dommages, & conservoit tout
dans l'ordre. Ainsi bien loin de conduire son
troupeau dans les pâturages d'autrui, elle ne
souffroit pas qu'aucune de ses Brebis y allât, &
aulieu de chercher à nuire aux autres, elle ne
pensoit qu'à leur faire du bien. Tel fut toûjours
le caractère de la charité chrétienne que l'intérêt
particulier a bannie dans ces siècles malheureux
des Villes & des campagnes.

Enfin le tems arriva, ou Dieu voulut couronner tant de vertus, & combler les vœux ardents d'une Epouse si fidèle. Quelque soin que prit notre Ste de fuir le commerce des hommes & de se tenir cachée, la réputation de sa beauté & de sa vertu se répandit au loin, des Bourgs elle passa dans les Villes, & le nom de Solange fut connu des personnes les plus distinguées du païs. Le Comte de Bourges avoit un fils qui étoit alors dans la fleur de sa jeunesse, beau, bienfait, plein d'esprit & de vivacité, mais peu maître de ses passions & trop prompt à se livrer à l'impétuosité de ses désirs. Sur le récit qu'on lui fit de l'extrême beauté, de la rare sagesse & de toutes les autres excellentes qualités de Solange, il conçut un violent désir de la voir, se proposant dès-lors, supposé que le portrait ne fut point flatté, de la choisir pour son Epouse. Dans cette vue il affecta d'aller à la chasse dans les lieux où on lui avoit dit que Solange conduisoit ordinairement son troupeau. Ce moyen lui réussit, il vit Solange, & dès ce moment il ne fut plus maître de sa passion; elle lui parut encore plus aimable qu'on ne lui avoit dit & il résolut d'exécuter le dessein qu'il avoit formé d'abord de l'emmener avec lui & de faire consentir le Comte son Père au mariage qu'il se proposoit de contracter avec elle. La disproportion qui se trouvoit entre un Seigneur de la plus haute naissance & la fille d'un pauvre Laboureur ne fut point capable de réprimer les désirs du jeune Comte. Il crut que tant de belles qualitez du corps & de l'ame dont Solange étoit si aboudamment pourvue, sup-

pléoient affez à ce que la nature lui avoit réfufé
du côté de la naiffance & de la fortune. Il ne
chercha donc plus qu'à faire réuffir fon projet.
Il trouva le fecret de parler plufieurs fois à la
jeune Sainte comme par hafard & en paffant; &
fous prétexte de chaffe, il fe rendoit fréquemment au lieu où elle avoit coûtume de faire fes
prières. L'ayant trouvée un jour en oraifon, il la
confidéra fort attentivement, & ne pouvant
plus diffimuler l'excès de l'amour qu'il avoit
conçu pour elle, il defcendit de cheval & il l'a-
borda. Pour s'infinuer plus facilement dans fon
efprit il prit un air modefte, il lui parla avec une
retenue qui ne laiffoit rien entrevoir de fes def-
feins, & dans les difcours qu'il lui tint d'abord,
il ne laiffa échapper aucune parole qui pût allar-
mer la pudeur d'une Vierge que la vue & la con-
verfation d'un homme effrayoient toûjours.
Mais il ne put longtems déguifer fes vrais fenti-
mens, il éclata bientôt, il ouvrit fon cœur à Solange & lui fit part du défir qu'il avoit de l'épou-
fer. Il eft croyable qu'il lui dit dans cette occa-
fion tout ce que la plus forte paffion peut infpi-
rer à un homme dans une femblable rencontre.
Il n'oublia, ni fa qualité, ni fa puiffance, ni fes
grands biens; il lui fit envifager le bonheur dont
elle jouiroit en changeant fa condition de Bergère où tout lui manquoit, pour le rang le plus
diftingué où elle auroit tout en abondance; il
lui repréfenta que par ce mariage elle rendroit fa
famille heureufe, & qu'il fero t à fes parens les
plus grands avantages, il fit beaucoup valoir fes
qualitez perfonnelles, & il lui promit qu'elle

n'éprouveroit jamais de sa part le moindre dé-
plaisir. La tentation étoit délicate & toute autre
que Solange n'y auroit pas résisté, mais l'innocence de notre Sainte étoit à l'épreuve des plus
rudes assauts, & tout l'enfer armé contre elle
n'auroit pas ébranlé sa résolution. Si elle n'eut
pas été seule au milieu d'une campagne, elle
n'auroit pas hésité à prendre la fuite à une décla-
ration si précise que ce jeune téméraire lui faisoit
de son amour, mais la fuite ne lui auroit pas été
d'un grand secours dans une circonstance où elle
n'eut rencontré personne pour seconder ses ef-
forts. Il lui fallut donc entendre jusqu'au bout le
discours du Comte, mais elle ne put l'entendre
sans faire paroître sur son visage la douleur &
l'indignation dont son cœur étoit agité. La solitude où elle se trouvoit, sa foiblesse, la hardies-
se de ce jeune Seigneur la saisirent de crainte &
de frayeur, les larmes coulerent de ses yeux,
& de tristes soupirs furent d'abord toute sa réponse, dans cette affligeante conjoncture, elle
lève les yeux vers le ciel d'où elle attend son secours, elle conjure intérieurement son divin E-
poux, de ne pas l'abandonner & de lui donner
la force de mépriser l'ennemi que l'enfer venoit
de susciter à son innocence. Solange étoit trop
chère à Jésus-Christ pour n'en être pas exaucée:
En un mot sa frayeur se dissipa, son courage se
ranima, & toute pleine de l'esprit de Dieu, elle
répondit avec une fermeté digne d'une Epouse
de l'Agneau vainqueur de la mort & de l'enfer:
Que dès sa plus tendre enfance elle s'étoit consacrée à
Dieu, qu'elle avoit choisi Jésus-Christ pour son Epoux.

& n'en auroit jamais d'autre, que l'amour extrême
qu'elle avoit pour cet Epoux infiniment beau, sage, riche, puissant, qui s'étoit fait homme, & qui avoit
voulu mourir sur une Croix pour elle, lui faisoit trouver dans la vie pauvre qu'elle menoit des douceurs &
des consolations, que la plus brillante condition du
monde ne pourroit lui procurer: Que ses parens se-
roient assez riches, tandis qu'ils serviroient le Seigneur, qu'on la sollicitoit en vain, & qu'elle seroit fi-
déle au céleste Epoux, jusqu'à donner sa vie plûtôt
que de consentir à en prendre un autre. Ainsi, tandis que d'une part un jeune homme emporté se
précipite peu à peu dans les excès où une passion
effrenée entraîne presque toûjours, de l'autre
une jeune Vierge docile aux mouvemens de la
grace, par le mépris généreux qu'elle fait de tout
ce que le monde lui offre de plus flatteur, triomphe glorieusement des pièges que l'enfer tend à
sa vertu. Dans de semblables occasions, le succès
dépend du premier moment. Dès qu'on écoute
la passion, elle devient bientôt insurmontable,
& par un contraste heureux dans les sacrifices les
plus durs à la nature, il n'y a que le premier
pas qui coute. Solange en fit une expérience
bien consolante, si l'épreuve, où le Seignenr
mit sa fidélité, lui parut d'abord terrible, l'espé-
rance d'une victoire également glorieuse & uti-
le lui rendit bientôt tout aisé ; le jeune Comte
au contraire pour n'avoir pas sçu réprimer les
premieres saillies d'une passion naissante, ne fut
bientôt plus maître de ses transports. La réponse
que Solange venoit de lui faire le choqua sans
le rébuter. Il fut indigné de voir ses offres & ses

promeffes réjettées avec dédain par une petite
Villageoife à qui il croyoit faire trop d'honneur
en recherchant fon alliance , mais fa paffion
bien-loin de fe rallentir ne fit que s'enflammer
davantage , & voyant bien que la jeune Vierge
feroit infléxible dans fa réfolution , il fe propofa
de l'enlever & d'obtenir par la force ce qu'on
s'obftinoit à réfufer à fes prières. Déjà il fe difpo-
foit à exécuter cet affreux deffein, lorfque Solange s'en étant apperçue , ne délibéra plus fur ce
qu'elle avoit à faire , elle prit promptement la
fuite, croyant par-là fe dérober au péril qui la
ménaçoit de fi près , elle couroit avec une vitef-
fe qui l'auroit peutêtre délivrée des mains de fon
raviffeur , mais une amante du Sauveur fi généreufe méritoit de joindre la palme du Martyre
à celle de Vierge qu'elle confervoit avec tant de
foin. Malgré fa précipitation le Comte l'attei-
gnit bientôt , & l'ayant arrêtée fans peine , il
l'enleva avec violence & pour qu'elle ne lui
échappât plus , il la mit devant lui fur fon cheval à qui il fit prendre le galop & couroit ainfi à
toute bride fans avoir égard aux prières & aux
larmes de l'innocente victime qu'il facrifioit à fa
paffion; mais fa fauffe prudence échoua bientôt;
il n'étoit encore qu'à fix cens pas du lieu où il
avoit fi injuftement enlevé Solange , que la
Sainte fe voyant comme une autre Sufanne entre deux périls dont l'un ménaçoit fes jours , &
l'autre fon innocence , choifit fans balancer ,
comme cette célèbre fille de Jacob , de mourir
innocente, plûtôt que de conferver fa vie aux dépens de la foi qu'elle avoit jurée à Jéfus-Chrift ;

fans s'inquiéter donc des fuites qu'aura l'action qu'elle médite, elle s'arrache d'entre les bras du Raviffeur, fe laiffant tomber de deffus le cheval, elle fe difpofe à paffer un petit ruiffeau qui couloit en cet endroit, mais l'heure étoit venue & fa couronne étoit prête Le Comte qui ne s'attendoit à rien moins qu'à une réfolution fi prompte & fi hardie, au lieu de l'admirer en fut tranfporté de fureur & de rage. A cet amour ardent que les attraits & la vertu de Solange avoient d'abord allumé dans fon cœur, & que les premiéres réfiftances n'avoient fait qu'augmenter, fuccéda la haine la plus furieufe qui ne lui laiffa plus appercevoir dans cette chafte Vierge qu'un objet d'horreur & une victime digne de fa vengeance. Il defcend donc de cheval avec impétuofité, & il fe jette en défefperé fur notre Sainte, il tire un glaive meurtrier & dans fon emportement ce Barbare lui tranche la tête, affouviffant ainfi fa cruauté aux dépens de la vie d'une Héroïne généreufe, dont il auroit du admirer le courage, & devenant le boureau d'une innocente Vierge dont il auroit du être le protecteur & l'appui. Mort injufte! mais également précieufe aux yeux de Dieu & glorieufe à Solange, qui, dans le tems même de la paix de l'Eglife, obtint la Couronne du Martyre, que de grands Sts pendant les plus cruelles perfecutions défirerent mille fois fans pouvoir l'obtenir.

Ainfi mourut fainte Solange dans la fleur de fa jeuneffe, Martyre de la virginité qu'elle avoit confacrée à Jefus-Chrift, digne de fervir de Modèle à toutes les Filles Chrétiennes,

mais malheureusement plus admirée qu'imi-
tée : ce n'est pas que Dieu soit plus avare aujourd'hui de ses graces qu'il ne le fut à l'egard
de Solange, mais c'est que par l'abus continuel
qu'on en fait, on en tarit enfin la source. On
ne veut se gêner en rien; on se permet certai-
nes conversations trop familieres avec des personnes de different sexe ; on perd peu à peu
cette retenue & cette modestie dont on s'étoit
fait gloire dans l'enfance , & qui sieroit encore
mieux dans la jeunesse : de-là la dissipation ,
l'oubli de ses devoirs, de son ame, de son Dieu :
de-là les désordres les plus grossiers , aussi com-
muns dans les Campagnes que dans les Villes.
Qu'on commence comme Solange, qu'on veille
comme elle sur ses démarches, que l'on se dé-
fie comme elle de son propre cœur , & l'on
persévérera comme elle.

Le Tout-Puissant , dont le Bras est toujours
étendu pour opérer des miracles en faveur de
ses amis, fit connoître par une merveille écla-
tante combien la Victime qu'on venoit de lui
immoler étoit agréable à ses yeux Une tradition ancienne, conservée avec soin dans le Pays,
& reçue par de très - graves Auteurs, (*le P.
Labbe, la Thaumassiere* Chron. Manuscr.) assure
que le Corps de Solange demeura de bout,
même après que la tête en eut été séparée, &
que comme si le sacrifice généreux qu'elle venoit de faire de sa vie lui en eût donné une
nouvelle, elle se baissa, prit entre ses mains
son venerable Chef qui prononça trois fois
fort distinctement le sacré Nom de JESUS,

qu'elle avoit toujours eu profondement gravé
dans le cœur, & qu'elle avoit si souvent invoqué pendant sa vie. Le prodige ne se ter-
mina pas là : le Corps décapité, tenant toujours sa Tête dans ses mains, marcha sans s'ar-
rêter jusqu'à l'Eglise de Saint Martin du Cros,
qui n'étoit pas éloigné du lieu où la Sainte
avoit consommé son martyre. Ce fut dans ce
Temple que Solange choisit elle-même le lieu
de sa sépulture; on l'y enterra avec beaucoup
d'honneur, & les larmes qu'on répandit sur son
Tombeau furent l'éloge glorieux de sa vertu.
Cette Eglise honorée des précieuses dépouilles
de notre illustre Martyre changea bientôt de
nom, & depuis ce temps on ne l'a plus ap-
pellée que l'Eglise de Sainte Solange qui en
est devenue la Patrone principale, comme elle
est celle de tout le Berry.

Quoi qu'on regrettât universellement la Sainte, on regarda le jour de sa mort comme un
jour de triomphe pour elle, & pour en conserver la mémoire, on établit une Fête solem-
nelle qui s'est toujours célébrée le dix de Mai,
jour du Martyre de cette chaste Vierge, &
qu'on chomme encore chaque année à Bourges
& dans la Septaine. Comme sa sainteté étoit
déja connue au loin, dès que le bruit de sa
mort se fut répandu on accourut de toutes parts
au lieu de sa sépulture pour lui rendre les hon-
neurs qu'on rend aux Saints, & pour réclamer
sa protection auprès de Dieu. Ce Lieu devint
trés-célèbre en peu de temps par l'affluence du
peuple que la dévotion y conduisoit, & par

les miracles fans nombre que Dieu y faifoit
chaque jour. Miracles éclatans dont une longue
fuite de fiécles n'a point tari la fource. Il ne fe
paffe prefque point d'année que l'on n'entende
raconter quelque merveille arrivée au Tombeau
de notre Sainte. Elle a rendu la vue aux aveu-
gles, l'ufage de la parole aux muets, l'ouie aux
fourds; elle a fait marcher les boïteux & les
paralytiques. Son nom invoqué avec confiance
a brifé les fers des prifonniers & leur a ouvert
les portes des cachots où ils étoient retenus.
La fureur & la rage des Efprits impurs ont cédé
à fon pouvoir; &, à la prononciation de fon
nom, on les a vû abandonner les corps de ceux
qu'ils poffédoient. Enfin il n'eft point de maladie ou d'infirmité dont on n'ait obtenu la gué-
rifon quand on a imploré avec confiance le fecours de cette puiffante Protectrice, dont la
Divine Providence a favorifé le Berry.

La Province entiere a éprouvé bien des fois
ce que peut Solange auprès de Dieu. Dans des
temps de fechereffe, lorfque tout paroiffoit dé-
fefpéré pour les biens de la terre, on s'eft adref-
fé à elle, & les vœux des Fidèles, réunis à ceux
du Clergé, ont toujours été fuivis d'un heureux & prompt fuccès. Des pluïes abondantes
ont rendu à la terre fa fécondité, & ont ranimé
les efpérances; d'heureufes récoltes ont été le
fruit des priéres, des Proceffions qu'on a faites
pour intéreffer fainte Solange en faveur de fon
ancienne Patrie.

Sans remonter à des temps bien éloignés,
nous avons fait de nos jours une heureufe ex-

périence du pouvoir de fainte Solange & de fon empreffement à foulager fes Freres. L'an 1739 le Berry fe trouvoit défolé par une extrême féchereffe, on avoit fait par-tout des priéres publiques pour obtenir une pluïe falutaire, on avoit réclamé le fecours de tous les illuftres Protecteurs dont la Ville de Bourges poffede les Reliques ; le Ciel paroiffoit infenfible à nos vœux & tout dépériffoit vifiblement dans nos campagnes. Dans une telle extrêmité, on fe rappella les merveilles que Jefus-Chrift avoit fi fouvent opérées par Solange fon Époufe, la prompte affiftance qu'on avoit reçue plufieurs fois de cette Patrone bienfaifante en des conjonctures auffi fâcheufes : à cette penfée la confiance fe ranima dans tous les cœurs ; on fe perfuada que le falut du peuple étoit réfervé à fainte Solange, & on s'empreffa de faire venir dans la Ville l'Arche précieufe où repofent fes facrées Reliques. M. de la Rochefoucauld, depuis Cardinal, étoit alors Archevêque de Bourges. Touché de la mifere publique, & à la requête des Magiftrats de la Ville, il ordonna le tranfport de la Châffe, qui, après les priéres, les jeûnes & les autres cerémonies pratiquées en femblables occafions, fut conduite proceffionnellement par les Eccléfiaftiques & les habitants de fainte Solange, accompagnés de ceux de 24 Paroiffes des environs, jufqu'à la Chapelle de Saint Lazare, vulgairement Saint Ladre, fituée à l'extrêmité d'un des Fauxbourgs de la Ville. Ce fut là que le Clergé de Bourges, ayant à fa tête l'illuftre Prelat dont nous avons

parlé, & suivi d'un peuple innombrable, vint
recevoir ce sacré dépôt qu'on porta avec beaucoup de pompe dans l'Eglise Métropolitaine;
alors la dévotion des Prêtres & du peuple éclata
par des Hymnes & des Cantiques qu'on chanta
à la gloire de la Sainte, & par les touchantes
prières qu'on lui adressa unanimement pour obtenir la bénédiction du Ciel sur les fruits de la
terre. La ferveur des Fidèles ne tarda pas à être
récompensée, & le succès le plus heureux répondit à leurs espérances. Le Ciel en peu de
temps se couvrit de nuages, la pluïe tomba avec
tant d'abondance que la terre en fut bientôt
pénétrée, & reprit une nouvelle face. Les her-
bes desséchées recouvrerent leur verdure; les
bleds, dont on commençoit à n'espérer plus
rien, reçurent une nouvelle vigueur, aussi bien
que les arbres, les vignes & tous les autres
fruits des campagnes. Ensorte que nous pou-
vons bien appliquer à notre Sainte Patrone ces
paroles que Laban disoit à Jacob son gendre:
Nous avons appris par une expérience aussi
douce que constante, qu'à votre considération
le Seigneur nous comble de ses bénédictions;
puissions nous toujours trouver grace auprès de
vous & mériter par notre reconnoissance de res-
sentir dans tous les temps les effets de votre ten-
dresse. *Inveniam gratiam in conspectu tuo : experi-
mento didici, quia benedixerit mihi Deus propter te.*

F I N.

PRIERE A SAINTE SOLANGE.

C'Est avec confiance que nous avons recours à vous, glorieuse Martyre de Jésus-Christ ; nos peres nous ont appris à vous honorer & à vous invoquer comme notre Protectrice. Le souvenir des bienfaits que vous avez répandus sur eux ne s'effacera jamais de nos esprits. Nous avons nous-mêmes éprouvé bien des fois votre crédit auprès de Dieu, & nous ne saurions nous rappeller ce que vous avez fait pour nous, sans en être pénétrés de la plus vive reconnoissance.

Protégez-nous donc toujours, aimable Patrone, ne cessez de lever vos mains vers le Pere des miséricordes, pour une Province qui vous donna le jour. Si le Tout-Puissant, irrité de nos offenses, se dispose à nous punir, priez-le de ne pas oublier que vous êtes notre Sœur. L'amour extrême qu'il vous porte désarmera sa colére, & en faveur de la Sœur bien-aimée il fera grace aux Freres coupables.

Veillez sur nous, charitable Protectrice, éloignez d'un Pays qui vous est toujours cher, ce qui pouroit nuire à son bonheur. Faites-y regner l'abondance & la paix ; détruisez-y l'empire du démon & du péché ; faites-y fleurir l'innocence & la vertu ; obtenez-nous la grace de marcher sur vos traces, afin qu'après avoir imité les beaux exemples que vous nous avez donnés, nous puissions participer un jour à la glorieuse récompense dont le Seigneur a couronné vos mérites. Ainsi soit-il.

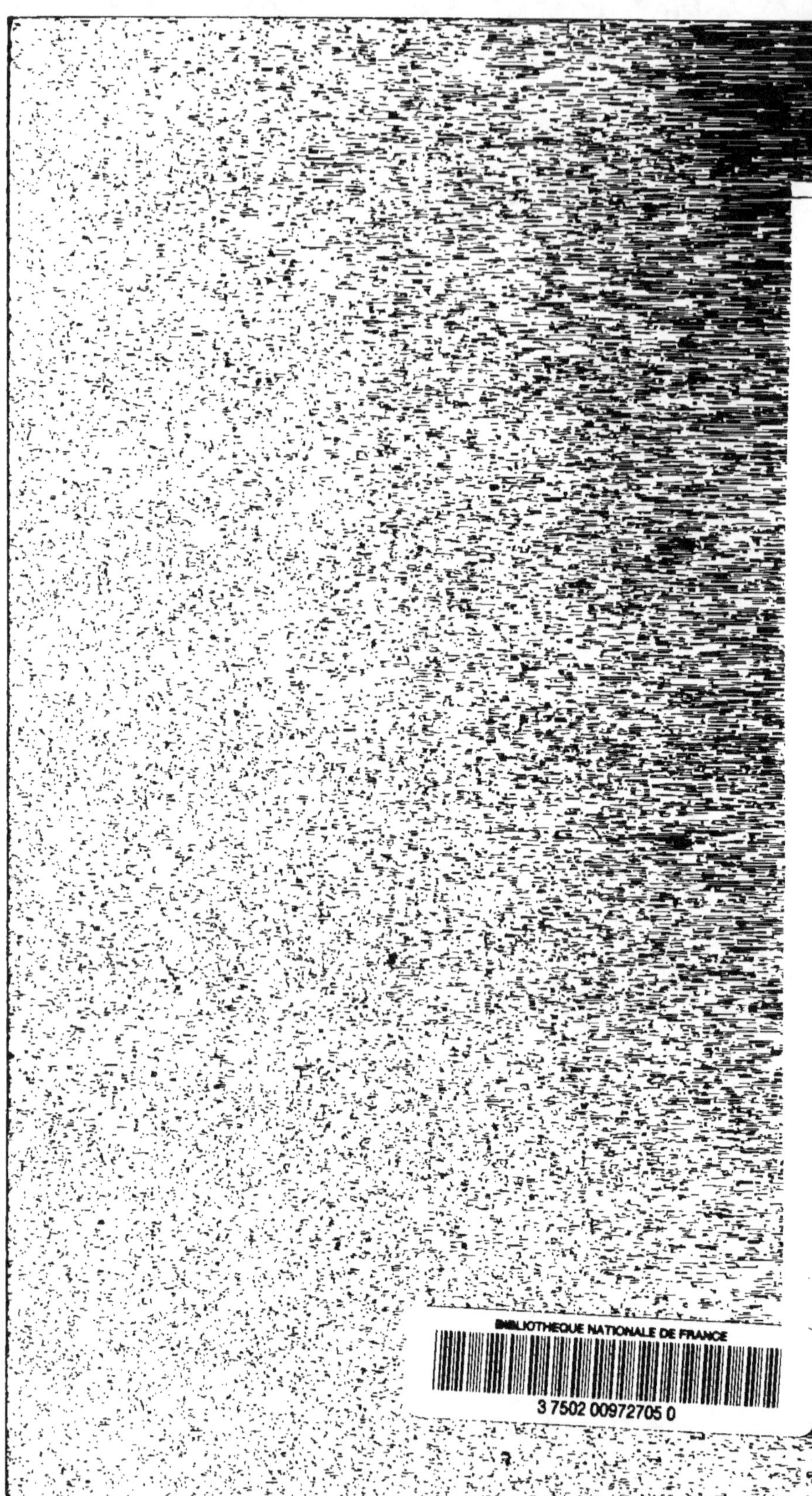